Quando me amei de verdade

Quando me amei de verdade

Kim McMillen & Alison McMillen

SEXTANTE

Tradução
Iva Sofia Gonçalves Lima

Preparo de originais
Regina da Veiga Pereira

Revisão
Antonio dos Prazeres
Sérgio Bellinello Soares

Capa e fotografia da flor
Carolina Vaz

Projeto gráfico e diagramação
Eneida Oliveira Déchery

Fotolitos
R. R. Donnelley Mergulhar

Impressão e acabamento
Geográfica e Editora Ltda.

CIP - BRASIL. CATALOGAÇÃO-NA-FONTE
SINDICATO NACIONAL DOS EDITORES DE LIVROS, RJ.

M429c McMillen, Kim
Quando me amei de verdade
/ Kim McMillen & Alison McMillen; tradução de Iva Sofia Gon;alves Lima – Rio de Janeiro: Sextante, 2003
96p. :

Tradução de: When I loved myself enough
ISBN 85-7542-066-6

1. Conduta – Citações, máximas etc.
I. McMillen, Alison. II. Título.

00-0784. CDD 170.44
CDU 17

Editora Sextante (GMT Editores Ltda.)
Rua Voluntários da Pátria, 45 – Gr. 1.404 – Botafogo
22270-000 – Rio de Janeiro – RJ
Tel.: (21) 2286-9944 – Fax: (21) 2286-9244
Central de Atendimento: 0800-22-6306
E-mail: atendimento@esextante.com.br
www.esextante.com.br

Introdução

Durante muitos anos, vivi de forma cautelosa e defendida. Eu não sabia como ter amor e compaixão por mim mesma. Quando fiz quarenta anos, isso começou a mudar.

Quando comecei a amar tudo o que sou, a vida se transformou, abrindo-se em lindos e misteriosos caminhos. Meu coração ficou mais leve e eu passei a ver as coisas de forma diferente.

Fui me comprometendo cada vez mais a seguir esse chamado interior, e percebi a presença constante de uma inteligência divina que guiava minha vida. Dou a essa inteligência o nome de graça, sempre disponível para todos nós.

Nos últimos doze anos, fui aprendendo a reconhecer e a aceitar esse verdadeiro presente. Cultivar o amor e a compaixão por mim mesma tornou isso possível.

As etapas que vou descrever são minhas. As suas podem ser diferentes, mas espero, de todo o coração, que as minhas despertem em você essa ânsia que existe em todos nós.

Quando me amei de verdade,

deixei de me contentar
com pouca coisa.

Quando me amei de verdade,

tomei contato com a
minha própria bondade.

Quando me amei de verdade,

comecei a valorizar o dom da vida
com a maior gratidão.

Quando me amei de verdade,

pude compreender que,
em qualquer circunstância,
eu estava no lugar certo,
na hora certa.
Então, pude relaxar.

Quando me amei de verdade,

consegui moderar meu ritmo
e minha pressa.
E isso fez uma enorme
diferença na minha vida.

Quando me amei de verdade,

comprei o colchão de penas
que desejava havia anos.

Quando me amei de verdade,

aprendi a gostar de estar sozinha,
rodeada pelo silêncio, usufruindo
sua magia, prestando atenção ao meu
espaço interior.

Quando me amei de verdade,

percebi que posso não ser
uma pessoa especial,
mas que sou única.

Quando me amei de verdade,

reformulei meu conceito de sucesso
e a vida ficou mais simples.
Ah, quanto prazer isso me trouxe!

Quando me amei de verdade,

entendi que sou digna de
conhecer Deus diretamente.

Quando me amei de verdade,

comecei a ver que eu não tinha
de sair em busca da vida.
Se eu ficar quieta e parada,
a vida vem até mim.

Quando me amei de verdade,

deixei de achar que a vida é dura.

Quando me amei de verdade,

pude perceber que o sofrimento emocional é um sinal de que estou indo contra a minha verdade.

Quando me amei de verdade,

deixei a menina levada dentro de mim pular do último trampolim da piscina.

Quando me amei de verdade,

aprendi a satisfazer meus desejos,
sem achar que era egoísmo.

Quando me amei de verdade,

partes minhas que eu
ignorava desistiram de
disputar minha atenção.
Foi o início da paz interior. Comecei
então a ver tudo
mais claro.

Quando me amei de verdade,

comecei a perceber que os desejos do coração acabam se realizando e passei a ter mais calma e paciência, exceto quando esqueço disso.

Quando me amei de verdade,

desisti de ignorar ou de
suportar meu sofrimento.

Quando me amei de verdade,

comecei a perceber todos os
meus sentimentos, sem analisá-los.
Sentindo-os de verdade.
Quando faço isso, acontece
uma coisa incrível.
Experimente. Você vai ver.

Quando me amei de verdade,

meu coração se encheu de tanta ternura que pôde acolher tanto a alegria quanto a tristeza.

Quando me amei de verdade,

comecei a meditar diariamente, e descobri que este é um ato de profundo amor por mim mesma.

Quando me amei de verdade,

passei a me sentir como um presente para o universo e comecei a colecionar lindos laços de fita. Eles ficam pendurados na parede do meu quarto, para me lembrar.

Quando me amei de verdade,

sempre que fico ansiosa, zangada, inquieta ou triste, pergunto a mim mesma: "Quem, dentro de mim, está se sentindo assim?"
Se eu escutar com paciência, descubro quem é que precisa do meu amor.

Quando me amei de verdade,

deixei de precisar das coisas e das pessoas para me sentir segura.

Quando me amei de verdade,

parei de desejar que a minha vida fosse diferente e comecei a ver que tudo o que acontece contribui para o meu crescimento.

Quando me amei de verdade,

comecei a entender a complexidade,
o mistério e a vastidão da minha
alma. Que tolice pensar que posso
conhecer o sentido da vida
de alguém!

Quando me amei de verdade,

desisti de projetar nos outros
as minhas forças e fraquezas,
e guardei-as comigo.

Quando me amei de verdade,

comecei a sentir uma comunidade dentro de mim. Essa equipe interna, com múltiplos talentos e características próprias, é a minha força e o meu potencial. Fazemos reuniões de equipe.

Quando me amei de verdade,

parei de me culpar pelas escolhas
que fiz e que me faziam sentir segura.
Passei a me responsabilizar por elas.

Quando me amei de verdade,

comecei a perceber como
é ofensivo tentar forçar alguma coisa
ou alguém que ainda não está
preparado – inclusive eu mesma.

Quando me amei de verdade,

passei a caminhar todos os dias,
a usar a escada em vez do elevador e
a escolher sempre o caminho mais
bonito.

Quando me amei de verdade,

passei a ser a minha própria
autoridade, ouvindo apenas
a sabedoria do meu coração.
É assim que Deus fala comigo.
Isso é o que se chama de intuição.

Quando me amei de verdade,

comecei a sentir um grande alívio.

Quando me amei de verdade,

o meu lado impulsivo aprendeu
a esperar pelo momento certo. Então
eu me tornei lúcida
e corajosa.

Quando me amei de verdade,

passei a aceitar o inaceitável.

Quando me amei de verdade,

comecei a ver que o meu ego
é parte da minha alma.
Ao perceber isso, meu ego
perdeu sua estridência e paranóia
e pôde me servir melhor.

Quando me amei de verdade,

passei a acordar muitas vezes
no meio da noite ouvindo
música dentro de mim.

Quando me amei de verdade,

comecei a me livrar de tudo
que não fosse saudável.
Isso quer dizer: pessoas, tarefas,
crenças e hábitos – qualquer coisa
que me pusesse pra baixo.
Minha razão chamou isso
de egoísmo.
Mas hoje eu sei que
é amor-próprio.

Quando me amei de verdade,

deixei o perfeccionismo de lado –
esse carrasco da alegria.

Quando me amei de verdade,

consegui falar a verdade sobre meus talentos e minhas limitações.

Quando me amei de verdade,

deixei de atender o telefone
quando não estava com vontade
de conversar.

Quando me amei de verdade,

não fiquei tão preocupada
em perdoar os outros.

Quando me amei de verdade,

consegui ter consciência,
nos períodos de confusões,
disputas ou desgostos,
de que essas coisas também
fazem parte de mim e merecem
o meu amor.

Quando me amei de verdade,

permiti que o meu coração se abrisse
por inteiro e entendesse
o sofrimento do mundo.

Quando me amei de verdade,

comecei a recolher o lixo na rua.

Quando me amei de verdade,

consegui perceber Deus dentro
de mim e ver Deus nos outros.
Isso nos torna divinos!
Você consegue fazer isso?

Quando me amei de verdade,

comecei a escrever sobre o que
eu vivia e o que eu pensava,
porque compreendi que era meu
direito e minha responsabilidade.

Quando me amei de verdade,

passei a saber qual era o meu objetivo e a me afastar suavemente das distrações.

Quando me amei de verdade,

vi que tudo aquilo a que eu resistia persistia. Igual a uma criança pequena dando puxões na minha saia. Hoje, quando a resistência fica me puxando, eu olho para ela e afasto-a gentilmente.

Quando me amei de verdade,

aprendi a interromper o que estava fazendo, mesmo que por um segundo, para acolher e confortar a parte de mim que está assustada.

Quando me amei de verdade,

aprendi a dizer não quando quero
e a dizer sim quando quero.

Quando me amei de verdade,

procurei me manter neutra,
sem classificar as coisas de
certas ou erradas.
No início, chamei isso
de indiferença; hoje percebo
que a neutralidade nos faz ver
tudo com mais clareza.

Quando me amei de verdade,

passei a encontrar um prazer
cada vez maior na solidão
e a usufruir a inexplicável
e profunda satisfação que sua
companhia traz.

Quando me amei de verdade,

pude perceber como a vida
é divertida, como eu sou
divertida e como os outros
podem ser divertidos.

Quando me amei de verdade,

confessei serenamente minha
coragem e meu medo, minha
ingenuidade e minha sabedoria,
e arranjei um lugarzinho para
cada um em volta da minha mesa.

Quando me amei de verdade,

comecei a fazer massagem pelo menos uma vez por mês.

Quando me amei de verdade,

percebi que nunca estou só.

Quando me amei de verdade,

deixei de temer meu tempo livre
e desisti de fazer planos.
Hoje faço o que acho certo
e no meu próprio ritmo.
Como isso é bom!

Quando me amei de verdade,

parei de tentar impressionar meu irmão.

Quando me amei de verdade,

desisti de tentar me livrar das vozes críticas da minha cabeça. Hoje digo assim: "obrigada pela sua opinião", e elas se consideram ouvidas. Fim da discussão.

Quando me amei de verdade,

deixei a parte de mim que ainda
sente falta do meu ex ficar triste,
em vez de tentar fazê-la desistir
de amá-lo.

Quando me amei de verdade,

comecei a comprar deliciosas
tortas de chocolate para
a adolescente que existe
em mim e que as adora.
Mas só de vez em quando.
Com baba-de-moça.

Quando me amei de verdade,

perdi o medo de dizer o que
penso porque percebi como
é bom fazer isso.

Quando me amei de verdade,

passei a derramar meus
sentimentos nos meus diários. Esses
parceiros adoráveis
falam a minha língua.
Não precisam de tradução.

Quando me amei de verdade,

parei de procurar "especialistas"
e comecei a viver a minha vida.

Quando me amei de verdade,

descobri as lições que a minha raiva me dá sobre responsabilidade, e a minha arrogância, sobre humildade. Agora ouço as duas com muita atenção.

Quando me amei de verdade,

comecei a comer alimentos orgânicos (menos aquela deliciosa torta de chocolate. De vez em quando, é claro).

Quando me amei de verdade,

consegui relaxar quando
invadida por ondas de
racionalidade e de desespero.

Quando me amei de verdade,

fui capaz de me dar
de presente um corte de cabelo num
supercabeleireiro e sair
felicíssima do salão.

Quando me amei de verdade,

desisti de querer ter sempre razão, e
com isso errei muito menos vezes.

Quando me amei de verdade,

aprendi a chorar as dores da vida no momento em que elas acontecem, em vez de sobrecarregar meu coração arrastando-as por aí.

Quando me amei de verdade,

perdoei-me por todas as vezes
em que me acusei e me critiquei.

Quando me amei de verdade,

senti uma grande paz dentro de mim.
Foi bom. Muito bom.

Quando me amei de verdade,

comecei a ouvir a sabedoria do meu corpo. Ele fala claramente através do cansaço, das sensações, das antipatias e dos desejos.

Quando me amei de verdade,

deixei de ter medo do medo.

Quando me amei de verdade,

desisti de ficar revivendo o passado e
de me preocupar com o futuro.
Isso me mantém no presente,
que é onde a vida acontece.

Quando me amei de verdade,

percebi que a minha mente pode me atormentar e me decepcionar. Mas quando eu a coloco a serviço do meu coração, ela se torna uma grande e valiosa aliada.

Sobre a autora

Minha mãe morreu em setembro de 1996, aos 52 anos, poucos meses depois de escrever este livro. Não ficou doente e não imaginava que estava prestes a morrer. Teve uma morte súbita, que chocou profundamente todos que a conheciam. Tem sido muito difícil para mim, assim como para seus amigos e sua família, enfrentar a vida sem ela. Morreu muito jovem, e estou consciente de sua ausência em cada momento da minha vida.

Este livro tem me ajudado a suportar a tristeza. Seguindo seu exemplo, continuei a divulgá-lo fora do meu círculo mais próximo. Tem sido uma tarefa extremamente gratificante. Tenho recebido inúmeras cartas e telefonemas, de todas as partes do mundo, de pessoas que se sentiram tocadas pela sabedoria das palavras de mamãe. Elas me contam que sentem como se, através do livro, tivessem conhecido Kim McMillen. Eu concordo totalmente.

Este livro é a minha mãe. Sua mensagem se refere ao que ela passou anos meditando, lendo ou escrevendo, e vivenciar isso representa tudo em que acreditou e o que ela me levou a acreditar. É a sua autobiografia, seu depoimento, sua alma.

Ainda que ignorasse estar se aproximando do fim da vida, ela percebeu, de alguma maneira, que precisava dizer as coisas que tinha descoberto e que passaram a ser as suas verdades. Depois de muitos anos cheia de dúvidas e críticas sobre si mesma, ela resolveu se dedicar a encontrar o amor e a compaixão por si mesma. Quando conseguiu e foi capaz de escrever suas descobertas para que outros as lessem, sua vida se completou e lamentavelmente chegou ao fim.

Carrego uma dor permanente no coração, um desejo de vê-la outra vez neste mundo. Foi uma mãe maravilhosa, amiga, escritora, consultora nos negócios, religiosa, esportista, amiga de cachorros, vizinha solidária, uma mulher e tanto. Embora eu sinta muito a sua falta, me conforta saber que, sendo este livro a expressão mais verdadeira de quem era minha mãe, o que ela tinha a oferecer ao mundo vai permanecer.

Alison McMillen, janeiro de 2001

Agradecimentos

Desejo expressar meus profundos agradecimentos a todas as pessoas que ajudaram a manter este livro circulando nos últimos quatro anos.

Meu pai, Todd McMillen, Jeffy Griffin e John Davis, Myrta Velez, John Boyer, Jill Jones, Penny Triggs, Win e Cynda Johnson, e muitos outros que ajudaram na realização e distribuição do livro e contribuíram para manter a minha sanidade.

Além disso, muitos e muitos agradecimentos a Jennifer Enderlin, que tomou a iniciativa de apresentar o livro ao mercado editorial.

Obrigada a todos, este livro não teria acontecido sem vocês!

CONHEÇA OUTROS TÍTULOS DA COLEÇÃO DE BOLSO DA SEXTANTE

AUGUSTO CURY

Você é Insubstituível

Este livro fala do amor pela vida que pulsa em cada ser humano. Ele conta a sua biografia. Se até hoje a sua história nunca havia sido contada em um livro, agora ela será, pelo menos em parte.

Você descobrirá alguns fatos relevantes que o tornaram o maior vencedor do mundo, o mais corajoso dos seres, o que mais cometeu loucuras de amor para poder estar vivo.

Dez Leis para Ser Feliz

O que é ser feliz? Que ferramentas psicológicas devemos usar para nos apaixonarmos pela vida? Que leis devemos seguir para extrair experiências positivas das perdas e conseguir boa qualidade de vida mesmo em ambientes estressantes. Como expandir o prazer de viver e resgatar o sentido de vida?

Neste livro, o psiquiatra Augusto Cury vai lhe dar o mapa da mina da felicidade. Ser feliz é seu direito. Ser feliz é uma conquista e não obra do acaso...

Dominique Glocheux

A Vida É Bela

Só se vive uma vez. Então é preciso aproveitar cada momento. Descobrir o valor das coisas simples, dos pequenos tesouros escondidos que tornam a vida bela. Este pequeno manual vai despertar idéias, sentimentos e desejos que estavam adormecidos. Abra as portas de seu coração e as janelas de sua alma, saboreando cada um dos 512 conselhos reunidos aqui. Conquiste sua felicidade!

Sua Santidade, o Dalai-Lama

Palavras de Sabedoria

Este pequeno livro contém ensinamentos essenciais sobre o budismo e foi escrito pelo Dalai-Lama, um dos maiores líderes espirituais do nosso tempo. Essas lições associam a sabedoria antiga à compreensão dos problemas da vida moderna e nos estimulam a refletir sobre a importância do amor, da compaixão e da responsabilidade individual.

Darrin Zeer

Ioga no Trabalho

Darrin Zeer apresenta exercícios simples e prazerosos para energizar o seu dia. São exercícios que podem ser facilmente incluídos na sua rotina diária, já que foram criados para ser feitos em qualquer lugar, a qualquer momento: no escritório, durante reuniões, falando ao telefone, vendo televisão e na cama.

Marcelo Camacho

1001 Razões para Gostar do Brasil

Mistura de guia afetivo e perfil informal do país, *1001 Razões para Gostar do Brasil* é uma lista só com aspectos positivos do Brasil e do povo brasileiro.

Fatos, personalidades e paisagens que são a cara de um Brasil múltiplo e pulsante. Coisas que fazem a gente gostar de viver aqui e que reafirmam uma característica da qual o brasileiro já andou meio esquecido: a auto-estima.

Música, literatura, televisão, culinária, arquitetura, belezas naturais, cultura popular, comportamento – o livro tem de tudo um pouco. O mais divertido é que o leitor vai fazendo, intimamente, a sua própria lista.

OUTROS TÍTULOS IMPORTANTES DA EDITORA SEXTANTE

BOB NELSON

Faça o que Tem de Ser Feito

A mensagem deste livro é simples mas poderosa: fazer o que precisa ser feito, e não apenas o que lhe pedem, é a marca registrada da excelência profissional. Esta é a postura que devemos adotar para crescer e nos realizarmos profissionalmente.

Com exemplos claros e concretos, ele vai mostrar as diversas iniciativas que você pode tomar para ser reconhecido como alguém que "faz as coisas acontecerem". A recompensa chegará antes do que você imagina.

TIM SANDERS

O Amor É a Melhor Estratégia

Você está à procura de uma estratégia para ser, ao mesmo tempo, feliz e bem-sucedido na carreira ou nos negócios?

Tim Sanders, vice-presidente da Yahoo!, criou um método revolucionário, que vai mudar sua forma de ver o mundo e abrir novas e promissoras perspectivas para a sua vida. Para ele, não é preciso matar ou morrer para ter sucesso. O amor é a melhor estratégia para quem quer construir um futuro melhor.

DAVID NIVEN

Os 100 Segredos das Pessoas Felizes
(A Ciência da Felicidade)

Não existe a menor dúvida: ser feliz é o desejo de todo ser humano. Mas o que é ser feliz e como fazer para atingir a felicidade com que todos sonhamos?

Baseado nas pesquisas e estudos de cientistas junto a milhares de pessoas, o psicólogo e cientista social Dr. David Niven organizou a lista dos cem segredos mais simples que são realmente capazes de tornar as pessoas felizes.

Os 100 Segredos das Pessoas de Sucesso

Cada um de nós tem um objetivo na vida, um desejo que pretende realizar. Os sonhos mudam, mas todos nós temos a mesma vontade de atingir nossas metas.

Neste livro o Dr. David Niven apresenta, de forma simples e agradável, cada um desses segredos, acompanhado de um exemplo real e de um conselho que você deve colocar em prática se realmente quer "chegar lá".

Max Ehrmann

Desiderata

"Você é filho do universo, assim como as árvores e as estrelas: você tem o direito de estar aqui."

Desiderata é uma palavra de origem latina que significa "aquilo que se deseja" e é também o título de um dos mais belos poemas do mundo.

Com sua mensagem de fé, esperança e amor, Desiderata nos faz ver as verdades que passam despercebidas no dia-a-dia e oferece um caminho para a felicidade e o bem viver.

Hugh Prather

Não Leve a Vida Tão a Sério

A vida não precisa ser tão complicada quanto insistimos em torná-la. A simples decisão de não se agarrar aos problemas pode melhorar – e muito – nossas vidas. É isso o que Hugh Prather nos mostra, com humor e clareza, neste livro.

Ele escreve sobre as dificuldades do dia-a-dia e nos dá ferramentas para contorná-las, mudando o que há de mais importante na vida: nossa atitude mental e a forma de reagir aos inevitáveis contratempos.

James Van Praagh

O Despertar da Intuição

Em *O Despertar da Intuição,* o médium americano James Van Praagh nos leva a uma maravilhosa viagem pelos caminhos do outro lado da vida, desvendando seus mistérios e ensinando a captar os sinais que os espíritos nos enviam.

Com depoimentos comoventes de pessoas que foram visitadas por guias espirituais, este livro mostra que temos capacidade de compreender o outro mundo e de entrar em contato direto com ele. Para isso, basta abrir as portas do coração e de nossa percepção para esta magnífica experiência.

Este livro servirá de guia para desenvolver seus dons mediúnicos naturais, dando-lhe a oportunidade de viver mais plenamente. Desejamos que ele o ajude a experimentar a profunda conexão entre o céu e a Terra.

IYANLA VANZANT

Esperando o Amor Chegar

Você está passando por uma fase de confusão, ansiedade e frustração? Sente pena de você mesmo? Acaba de terminar um relacionamento amoroso e tem a sensação de que nunca encontrará seu par ideal?

Deseja muito encontrar o amor?

Talvez você se sinta no fundo do poço e sem perspectivas. Mas não acredite nisso! As crises – mesmo as mais sofridas – são preciosas para nos mostrar novos caminhos e nos incentivar a reformular nossas vidas.

Agora é a hora da virada! Este livro é um instrumento precioso que vai ajudar você a identificar os problemas e questionar o que está bloqueando o amor em sua vida. Seguindo os conselhos da autora e dedicando-se aos exercícios práticos, você encontrará as respostas que procura e poderá alcançar a paz, o entendimento, a sabedoria e o amor que deseja.

INFORMAÇÕES SOBRE OS PRÓXIMOS LANÇAMENTOS

Para receber informações sobre os próximos lançamentos da EDITORA SEXTANTE, queira entrar em contato com nossa Central de Atendimento, dando seu nome, endereço e telefone para:

EDITORA SEXTANTE
Rua Voluntários da Pátria, 45 – Gr. 1.404 – Botafogo
22270-000 – Rio de Janeiro – RJ
Tel.: (21) 2286-9944 – Fax: (21) 2286-9244
DDG: 0800-22-6306 (ligação gratuita)
E-mail: atendimento@esextante.com.br

Para saber mais sobre nossos títulos e autores, e enviar seus comentários sobre este livro, visite o nosso site:

www.esextante.com.br

PAPEL

CHAMOIS-BULK alta performance alcalino

Esse livro foi impresso em papel Chamois Bulk Alta Performace Dunas 90g/m² da Ripasa S/A Celulose e Papel produzido a partir de floresta plantada de eucalipto.